ROUTE VERS LE SUCCÈS FINANCIER

ROUTE

VERS LE

SUCCÈS

FINANCIER

 ROUTE VERS LE SUCCÈS FINANCIER

CONTENU

Prélude

Nous commençons...

Les 5 principes pour débloquer la richesse

Cela ne peut-il jamais arriver?

À la poursuite de la richesse

Est-ce que ça vous est arrivé?

L'échelle du succès

Formule pour le succès

Les étapes de base

Étapes vers la richesse personnelle

Atteindre son objectif

Les clés du succès

Le pouvoir des pensées

Facteurs à l'origine de l'inertie

Le facteur de risque

À éviter

Les erreurs inévitables

La loi du succès

Il est temps d'apprendre qui vous êtes

Le besoin de changement

Comprendre l'échec

Le but final

Ouvrir la voie du succès

La loi de la prospérité

Le pouvoir des mots

Le pouvoir de l'amour inconditionnel

Sentiments finaux

Prélude

Ce livre est conçu pour répondre aux besoins des personnes qui veulent atteindre de plus hauts sommets en mettant en œuvre des concepts très simples mais puissants qui ont le potentiel de changer complètement leur vie.

Il ne s'agit pas d'un livre basé sur une recherche hypothétique ou un traité philosophique, mais plutôt d'un livre qui découvre des informations qui apporteront une incitation durable à libérer les ressources internes de la force et de la dynamique de la volonté.

En fait, il s'agit d'une compilation de faits présentés dans un anglais simple et profane qui contient des informations qui vous apporteront une joie immense et un succès dans votre vie.

Il contient des vérités profondes et dynamiques, exprimées en quelques mots puissants, qui suscitent une prise de conscience renouvelée de nos ressources intérieures latentes illimitées, qui attendent d'éclater au grand jour. Elle comprend des expressions pratiques qui ont le potentiel d'apporter le succès, la santé, la richesse et un bonheur durable.

Nous commençons...

L'un des points les plus difficiles à concilier dans la vie est le paradoxe de la souffrance dans ce monde. La souffrance est éminente.

Bien sûr, il est tout aussi important de réaliser que l'acquisition et la possession de richesses ne sont pas une règle qui mesure le bonheur de chacun. Si la joie se trouvait réellement dans les matériaux, alors tous ceux qui ressentent son "émotion" au contact de l'objet observeraient la même mesure de joie.

Dans la vie, les hommes sont continuellement motivés par deux pulsions inévitables de répulsion : la douleur et l'anxiété, d'une part, et la recherche de la joie et de l'épanouissement absolu, d'autre part. Dans la recherche du bonheur, il est obligé de courir après ce qui est agréable et plaisant, tandis que lorsqu'il est confronté au contraire, il évite les objets indésirables et les environnements désagréables.

Le fait est le suivant : tout au long de l'histoire, tous ceux qui ont réussi, consciemment ou inconsciemment, ont utilisé cinq principes, qui sont communs au progrès absolu dans tous les aspects de la vie.

Les 5 principes pour débloquer la richesse

Ces principes sont la clé pour débloquer l'incroyable réservoir de richesse, d'abondance et de succès. Elles sont toutes centrées sur nos véritables qualités innées, qui sont en fait universelles et fondées sur la spiritualité. Ces principes sont :

- La vérité
- Justice
- Paix
- Amour
- Non-violence

La pratique de ces vertus permettra à chacun de progresser dans la vie sans aucun doute.

La raison en est simple.

Ces principes universels sont tous attrayants et constituent bien sûr les pierres angulaires du code de déontologie. Vous ne pouvez pas vous tromper en mettant en pratique l'importance des valeurs morales, des codes de conduite et en obéissant à la loi de la nature dans votre quête de richesse.

Dans les pages qui suivent, vous découvrirez l'objectif d'atteindre la liberté financière tout en acquérant l'art parfait du bonheur, en comprenant que la mesure du bonheur n'est pas "directement" proportionnelle à la richesse monétaire.

Ce manuscrit concis, précis et direct explore des pistes qui vont certainement changer votre vie pour le mieux.

Contrairement à de nombreux autres livres sur le même sujet, ce manuscrit explore des domaines thématiques en rapport avec des aspects de votre vie personnelle et de votre croissance qui, je peux vous le garantir, vous redonneront le sourire. C'est un livre clair, ciblé et surtout lisible que vous apprécierez.

Cela ne peut-il jamais arriver?

Alors que le pessimisme nous met en garde contre les dangers qui se cachent sous nos yeux, l'optimisme peut conduire à une fausse sécurité. Le pessimisme ne doit être considéré que comme une situation initiale et non comme une situation finale dans n'importe quelle situation - c'est la première étape vers le succès.

À maintes reprises, nous avons été soumis à des situations inquiétantes, et au plus profond de nous-mêmes, nous prenons conscience des dangers et des risques potentiels qui nous entourent, et la voix rejette catégoriquement cette situation menaçante qui nous confronte, en tant que telle, car nous ne reconnaissons pas cette voix, notre accrochage mental au monde extérieur nous éloigne de la voix intérieure de la **VÉRITÉ**, qui nous fait totalement dévier pour ainsi dire.

La deuxième étape vers le succès et la richesse consiste à se convaincre de l'importance de la maîtrise de soi, de la conscience de soi et de l'autodiscipline.

Nous devons écouter la voix intérieure et réaliser l'existence d'une force innée ou Volonté Dynamique - la puissante puissance qu'elle exprime à travers l'esprit, le corps et l'intellect ! Par conséquent, la deuxième étape vous permet de développer la foi non seulement dans ce que vous pouvez faire et réaliser, mais surtout dans le développement de la foi en vous-même (vos qualités innées, inhérentes et latentes).

La troisième étape exige qu'en faisant preuve d'une vigilance constante, en utilisant la puissance de l'intelligence, de l'auto-analyse et de l'introspection, et en comprenant et en utilisant soigneusement ces concepts, vous puissiez apprendre à vivre au-delà des exigences de l'esprit, quel que soit l'environnement dans lequel vous vous trouvez - cela vous permettra de mettre en œuvre et d'embrasser le chemin de la richesse.

Il n'existe pas de repas gratuit. Si vous détestez faire du travail/effort mais que vous aimez réussir, vous devrez reconsidérer votre point de vue.

Donc, pour réaliser le second, il faut faire le premier et l'idée sensée est de trouver ce qui vous donne vraiment du plaisir et de découvrir ensuite s'il est possible d'en tirer de l'argent.

"Si vous ne commencez pas, vous ne réussirez pas.

À la poursuite de la richesse

L'affirmation "La précipitation rend le gaspillage vrai même aujourd'hui, et la plupart du temps, certains d'entre nous ont tendance à se sentir frustrés lorsque nous ne pouvons pas toujours être à la hauteur de nos idéaux et des normes que nous nous fixons.

À d'autres moments, nous pouvons avoir le sentiment que si nous avions accepté le défi qui nous était proposé, les choses auraient peut-être changé pour le mieux, mais il est également possible que dans notre trop grande anxiété pour atteindre l'objectif, nous fassions trop d'efforts et que nous nous épuisions complètement.

Est-ce que ça vous est arrivé?

La question qui reste posée est la suivante : comment commencer, comment réussir dans la vie?

Eh bien, mon ami, soyez assuré que ce livre a été écrit pour répondre à cette question de manière satisfaisante, en éliminant toute confusion ou anomalie.

Il existe de nombreuses stratégies que l'on peut employer et divers moyens par lesquels on peut labourer pour atteindre l'objectif. Toutes ont en commun la confiance en soi, l'attitude moralisatrice ou l'honnêteté et une vie éthique (en paroles, en actes, en pensées et en actions) qui font partie de votre mode de vie - c'est la quatrième étape.

Dans toute entreprise, l'accent est mis sur les normes morales et éthiques les plus élevées, et cela ne doit pas être ignoré ou négligé.

La seule façon d'atteindre l'équanimité, l'équilibre ou l'équilibre, même après être devenu l'individu le plus riche, est d'avoir le sentiment de réaliser la véritable essence de la vie.

Rien n'est constant dans la vie. La vie change constamment et des choses qui semblent exister aujourd'hui peuvent cesser d'exister demain, et c'est un fait que vous - et tous les autres - devez apprendre à accepter.

Cinquième étape, lorsque vous découvrez quelque chose de profond et de beau, la tendance naturelle est de le partager avec les autres.

Dans les chapitres suivants, vous découvrirez les véritables moyens d'atteindre une réussite totale. Ce livre vous permettra de libérer vos qualités innées au premier plan, vous permettant ainsi de récolter les bénéfices et les récompenses dont bénéficient actuellement des milliers de personnes dans le monde entier parce qu'elles sont devenues riches.

En suivant le guide dans les pages suivantes, et je crois vraiment que chaque personne a le potentiel pour réussir dans la vie.

"La richesse, c'est plus que de l'argent."

L'échelle du succès

C'est le privilège de l'homme d'atteindre la grandeur totale, et en réalité le succès devrait être l'habitude de chacun. L'homme est essentiellement parfait, et les possibilités qui dorment en lui sont donc infinies.

Pour faire ressortir le meilleur de nous, une vie organisée et parfaitement disciplinée pour la découverte des potentialités qui nous attendent, est une vie bien remplie.

Le point essentiel n'est pas de savoir combien de talents chacun d'entre nous possède, mais l'importance doit se concentrer sur le nombre de nos talents, attributs et capacités existants que nous sommes prêts à développer, exploiter, explorer et mettre en œuvre dans notre vie quotidienne.

La question que vous devez vous poser est de savoir si vous utilisez concrètement au moins un grand talent qui vous est inhérent. Le seul principe fondamental est de comprendre que notre succès dépend entièrement de nous-mêmes.

La meilleure façon d'être heureux est de faire les choses que vous aimez naturellement et que vous aimez faire - quelque chose qui vous passionne absolument ! De même, la meilleure façon de réussir et de devenir riche est de s'assurer que l'on réalise les choses que l'on a sincèrement voulues dans la vie. Vous devrez donc consacrer vos efforts à des activités qui vous permettent de mesurer le succès.

Pour l'expliquer, il suffit de prendre en considération l'exemple suivant : si vous aimez l'art, la peinture et le dessin, alors la façon de procéder est de demander des conseils sur les moyens de participer à des concours, et sur les moyens de présenter vos œuvres d'art par l'intermédiaire de galeries (en vous adressant directement aux galeries et en laissant vos œuvres en vente ou en échange) ou d'éditeurs d'art, ou encore de faire valoir votre talent en participant à des foires saisonnières où vous trouverez un grand nombre de détaillants de toutes sortes.

Vous pouvez ajouter plusieurs types de thèmes différents à votre portfolio artistique afin de maximiser vos capacités à atteindre un large public intéressé par différents thèmes/sujets.

Contactez des groupes, des forums et même des groupes de discussion sur Internet et explorez d'autres pistes (comme les photographes, les galeries et les cadres de photos, les conseils des arts et les organisations gouvernementales qui fournissent une aide, y compris des prêts, etc.) qui vous permettront d'intensifier vos recherches - l'idée est de poursuivre l'objectif sans relâche et avec une attitude positive.

En ce qui concerne votre sujet/question, postez des questions, des enquêtes, des sondages et déterminez ce que les gens recherchent, puis trouvez simplement le besoin et remplissez-le.

Chaque petit détail aidera, mais c'est la force nécessaire pour donner l'impulsion et c'est là le point essentiel. Un autre point utile est de ne pas simplement essayer, essayer et continuer d'essayer, mais de développer une attitude où vous faites ce que vous avez décidé de faire, mettre en œuvre et appliquer les stratégies présentées dans ce livre.

Enfin, ne vous arrêtez pas là : gardez la foi et ne renoncez à aucune défaite. Une fois que vous avez décidé de mettre le "plan" en action, assurez-vous qu'il reste vivant et brillant... les rejets et les déceptions ne doivent en aucun cas diminuer votre espoir, vos progrès et votre désir de réussite. Les personnes qui ont réussi malgré toutes les difficultés, la douleur et la lutte ont inspiré d'innombrables millions de personnes dans le monde entier - il est temps pour vous d'être un exemple pour les autres afin de suivre vos traces également.

Vous devez vous rappeler que les méthodes utilisées par les différents individus pour obtenir des richesses peuvent être différentes, mais l'objectif est commun à tous, et les étapes mentionnées ci-dessus sont en effet vos outils pour la réussite globale.

Il faut une très forte volonté pour se développer en interne, et la nécessité de deux attributs très importants, à savoir le courage et la confiance, sont des ingrédients essentiels. Ainsi, la pauvreté et la prospérité ne dépendent pas nécessairement de la connaissance dans son ensemble (par exemple, le sens des affaires, les stratégies de marketing, etc.), mais dépendent certainement des trois C, à savoir le caractère, la créativité et les capacités innées.

Le courage et la confiance peuvent à eux seuls produire une transformation unique, alors que le contraire n'apportera que beaucoup de douleur et de désespoir en temps de détresse et de crise. Cependant, malgré les problèmes de la vie, nous devons résister aux obstacles et aux entraves et, à ce titre, nous rappeler constamment le pouvoir suprême inhérent ou inné que nous possédons tous et que nous pouvons tous développer avec succès grâce au discernement spirituel. Par conséquent, ignorer nos capacités et notre potentiel pour développer le pouvoir personnel dont nous avons besoin pour passer à travers des expériences égoïstes demande une force et une discipline immenses, et j'explique dans ce livre comment vous pourriez réaliser tout cela ici et maintenant.

Sans ces qualités, vous êtes voué à l'échec, et c'est pourquoi beaucoup de gens se sentent découragés parce qu'ils sont entrés en compétition ou ont simplement abandonné sous la pression, par manque de courage et de volonté dynamique.

Lorsque nos fantasmes et nos attentes ne se réalisent pas, nous avons tendance à revenir à nos anciennes habitudes - le vide que nous ressentons peut être très bouleversant et nous ne pouvons pas l'ignorer éternellement. Souvent, ce qui se passe exactement, c'est que, quel que soit le bien que nous faisons dans la vie, cela ne signifie pas que nous allons continuer. Ce n'est pas parce qu'elle exige une discipline impossible, mais parce que nous manquons de courage et de confiance, nous sommes submergés par une attitude négative - c'est ce qui arrête tout sur son passage!

L'enthousiasme initial commence à s'estomper, et ce qui semblait si merveilleux devient un danger, un dilemme et un problème. L'esprit prend le dessus et les questions surmontent les doutes qui surgissent lorsque l'idée ou le concept tout entier est valable - un conflit survient, l'esprit dit une chose et l'intellect et notre intuition nous poussent à suivre la voie du "succès".

Avant même que le voyage ne commence, la fin est imminente, car nous sommes indécis quant au véritable chemin à suivre. Le succès réside dans ce que vous en faites, et non dans ce que vous "pensez" qu'il devrait être (ne fantasmez pas sur le succès).

Alors, comment commencer?

Formule pour le succès

Ce que vous pensez et comment vous agissez est le facteur décisif qui vous aidera à découvrir l'objectif de la réussite. Ces deux attributs sont importants, de même qu'un ensemble cohérent de principes que vous devez suivre. Les pensées basées sur la raison sont un puissant catalyseur pour déclencher toute réaction, et une fois que vous vous y mettrez, vous vous rendrez vite compte que le courage est la simple vertu nécessaire à un être humain pour traverser la route rocailleuse.

Les obstacles sont naturels et constituent un moyen d'accéder à la source d'acquisition de la richesse, comme vous en conviendrez certainement. La persistance, la patience et la persévérance devront être pratiquées religieusement pour atteindre l'objectif et surmonter les obstacles. Cela étant dit, je voudrais maintenant souligner les "P" que vous devriez désapprouver.

Ne remettez pas cela à plus tard, ne prétendez pas tout savoir et ne prolongez pas votre ou vos "entreprise(s)" à la fin. Soyez prêt à combattre les obstacles qui peuvent se dresser devant vous, mais poursuivez votre objectif et laissez votre volonté potentielle l'emporter.

Dans toute situation de vie, il est indéniablement important de garder la tête froide, malgré tous les "hauts et les bas" auxquels nous sommes susceptibles d'être confrontés. N'oubliez pas que la vie est par nature dualiste - l'avers et le revers d'une même pièce de monnaie pour le dire simplement. Je suis obligé d'ajouter que si nous savons que le passé est la cause et le présent l'effet, il est clair qu'avec le temps le présent lui-même devient la cause en référence au futur.

Une signification très profonde est enchevêtrée dans cette syntaxe, et si elle peut être liée au succès, alors on peut dire que si nous vivons intelligemment dans une autodiscipline scientifique, nous pouvons devenir les architectes de notre propre avenir.

 ROUTE VERS LE SUCCÈS FINANCIER

Les étapes de base

Les lignes directrices suivantes vous aideront à ouvrir la voie vers le succès final.

Les étapes sont très simples à mettre en œuvre dans votre vie quotidienne.

1. Faites ce que vous aimez et ce pour quoi vous êtes bon.

2. Soyez prêt à apprendre et à être positif (motivation et enthousiasme).

3. être un individu innovant.

4. Soyez prêt à investir non seulement de l'argent, mais aussi du temps, des efforts et des ressources.

J'ai parlé d'argent - cela ne veut pas dire qu'il faut investir une grosse somme pour devenir millionnaire ou riche.

5. Vous devez faire preuve de discipline dans la fixation des buts et des objectifs. N'oubliez pas que la persistance est la clé du succès.

6. Vous devez être prêt à gérer efficacement votre temps.

7. En évoluant, apprenez à redonner à la société ce que vous aimez. C'est ce que j'appelle de la philanthropie.

Vous devez avoir une vision solide - une vision dans laquelle vous vous considérez comme ayant réussi. De grandes personnalités du passé et du présent vous assurent cette position convoitée en employant ces étapes de base.

Cependant, remarquez que dans l'étape 2, j'ai délibérément utilisé le mot "apprendre", et cela aussi pour une très bonne raison. La vie est le plus grand des maîtres, vous devez donc être prêt à accepter des défis tout le temps (en utilisant le pouvoir de la discrimination) et, par conséquent, vous devez apprendre à travers ses principes éternels la magnifique doctrine qu'elle a révélée au fil du temps. Cela signifie que vous devez agir au bon moment.

L'action est incroyablement importante et met en évidence les succès : tous deux sont synonymes d'honnêteté. Le succès exige des actions, mais l'ingrédient essentiel est le sérieux. Être trop sérieux peut ruiner votre entreprise, donc le but est de s'amuser.

Toute discipline exige de l'organisation et de l'ordre. Comme je l'ai mentionné dans l'introduction, vous devez être prêt à écouter votre voix intérieure autant que possible. Cela signifie qu'au lieu de trop dépendre de votre famille, de vos amis, etc. (non pas que ce soit mauvais) commencez à avoir confiance en vos propres capacités.

Seul, et s'efforcer d'apprendre et de réussir. Souvent, les échecs peuvent être le résultat de cas où nous avons cessé d'exercer nos propres opinions ou sommes devenus trop dépendants de celles des autres.

Le succès n'est pas un secret que vous devez chercher ou déterrer pour atteindre votre destination ; c'est plutôt le facteur de compréhension ou de reconnaissance que vous développez par rapport à ce que vous voulez vraiment dans la vie. Intuition, courage, compétences, connaissances, défis et opportunités sont quelques-uns des concepts qui déterminent les traits des personnes qui jouissent de la richesse. Toute tâche accomplie dans le bon esprit vous donnera la victoire. L'attitude mentale est ce qui vous donnera le succès, mais une attitude négative, la paresse et le travail involontaire entraîneront l'échec.

N'en attendez pas trop, mais votre approche doit être positive et vous devez exécuter votre tâche avec une perfection absolue, en accordant une attention particulière à votre ou vos objectifs à long terme. Cela signifie que vous abordez votre devoir avec une énergie concentrée et que vous exécutez vos plans avec droiture. Cela devrait être votre philosophie de vie.

Pour lancer une nouvelle entreprise, il est essentiel que vous preniez conscience de ce qui suit, dont je dois dire qu'il est crucial. Vous devez comprendre que pour créer une entreprise, vous devez vous familiariser avec le terme "cash flow". L'investissement sous forme de capital est une exigence, mais le concept de viabilité de l'entreprise est plus important.

Étapes vers la richesse personnelle

La prise de décision est peut-être l'étape la plus difficile dans votre quête pour commencer le voyage vers la richesse. Le problème est que tant que vous n'irez pas au fond de vous-même pour libérer vos qualités innées, vous risquez d'être indécis et hésitant. Ce n'est pas mauvais en soi, mais la plupart du temps, ce "sentiment" ne vous permet pas de réaliser tout votre potentiel.

Il n'y a pas de secret pour libérer tout votre potentiel - le "secret" réside dans votre volonté d'écouter votre voix intérieure. L'initiative de saisir une bonne occasion qui se présente à vous consiste à entreprendre la tâche de manière méthodique.

Asseyez-vous tranquillement, calmez vos sens et vos pensées, et méditez profondément sur le sujet qui vous occupe. Ne vous lancez pas d'un coup dans quelque chose juste parce que l'idée vous semble favorable. La plupart des choses semblent très "bonnes" dans la phase initiale, mais la réflexion, la planification et le temps sont des conditions préalables. Souvent, c'est quelque chose en vous qui vous dira quoi faire. Le secret ne vient pas nécessairement de l'extérieur, mais peut être acquis de l'intérieur.

S'efforcer de faire de son mieux à tout moment est le petit secret qui vous aidera à accumuler des richesses. L'imagination (c'est-à-dire l'imagination constructive), qui est la faculté de visualiser, est un facteur important de la pensée créative - mais comme vous pouvez le constater, il ne sera pas possible de le faire sans une forte volonté, et surtout cette faculté de visualisation doit mûrir en une croyance et une conviction solides.

1) Vous devez avoir le désir d'atteindre votre objectif de gloire - c'est la règle numéro un.

2. Soyez prêt à gérer efficacement l'argent en ce qui concerne la budgétisation, les dépenses et la responsabilité et/ou l'obligation de rendre compte.

3. Ne dépensez pas plus que ce que vous êtes tenu de faire et ne dépensez pas moins que ce que vous gagnez.

4. Les problèmes personnels, y compris la dépendance à d'autres produits que la drogue, etc. peuvent être ruineux. C'est une question qui doit être abordée dès le début.

5. Trouvez des moyens d'investir et, surtout, commencez à épargner de l'argent. Vous devrez faire preuve d'intelligence et de discernement dans vos priorités.

Dans toute entreprise, vous êtes susceptible d'être confronté à de nombreux antagonismes, loin d'une situation idéaliste. Au-delà des attentes, l'optimisme et la tendance à "souhaiter" que les choses se déroulent comme prévu peuvent conduire et conduisent souvent à l'échec.

Par conséquent, comme mentionné ci-dessus, la planification est très importante pour votre réussite. Bien entendu, les autres facteurs à prendre en compte sont le surmenage et l'épuisement professionnel. Dans l'espoir de gagner vos millions, il est probable que vous deveniez une épave frustrée et que vous vous découragez - cela ne vous aidera pas dans votre progression ou votre quête de richesse.

Atteindre son objectif

Lorsque vous persistez à refuser d'accepter l'échec, sachez que l'objet que vous vous êtes fixé se matérialisera grâce à la puissance de la volonté dynamique.

Les pensées peuvent être des outils incroyablement puissants, et si vous êtes prêt à mettre en œuvre ce don divin, alors vous êtes sûr d'atteindre votre objectif. Si vous vous accrochez à une pensée particulière avec une volonté dynamique, elle prend une forme extérieure tangible.

Le moment est venu de cautériser les caractéristiques négatives inhérentes sous forme d'habitudes, de manque de volonté, de manque de confiance, d'hésitation et d'attitude erronée vis-à-vis de la vie en général. Vous avez en vous le pouvoir de réaliser tout ce que vous voulez ; ce pouvoir réside dans la volonté. La principale cause d'échec dans la vie est le manque de concentration - ne pas accumuler les idées, les concepts et les stratégies d'un seul coup dans l'espoir de réussir. Commencez lentement et soyez cohérent dans la définition de vos objectifs.

Concentrez votre attention sur une chose à la fois, et ne laissez pas votre **ESPRIT** entrer dans un état de "surcharge". Il existe une façon scientifique d'utiliser la concentration, et le mot magique est de rester calme, tout en exécutant toutes ses tâches avec la bonne vitesse.

NE PAS se précipiter et créer le chaos, mais plutôt se concentrer méthodiquement et méticuleusement et se concentrer entièrement sur ce que vous entreprenez, et l'important est de garder l'esprit flexible.

Une fois que vous savez que vous êtes vraiment sur la bonne voie et sur le point d'atteindre votre objectif, faites attention à la gestion de votre temps. Il est souvent très facile de s'impliquer dans un projet au point de se laisser emporter par le perfectionnement de ce qu'on est en train de faire.

Vous devez donner la priorité à votre travail et surtout respecter et honorer la valeur du temps - ne perdez pas votre temps et votre vie !

Les clés du succès

Comme je l'ai déjà mentionné, l'environnement joue un rôle très important, car il est tout à fait inévitable, en particulier notre environnement intérieur.

Une personne calme et détendue a beaucoup plus de chances de s'en sortir dans une situation difficile que son homologue - une personne dont les nerfs sont frustrés et erratiques. Le premier a ses sens pleinement identifiés à l'environnement dans lequel il se trouve.

Cependant, l'individu agité ne comprend pas l'environnement et se met donc en difficulté. Les mots clés sont concentration, attention et soin dans tout ce que vous faites dans la vie.

1. élaborer un but/objectif défini et bien défini

2. Élaborer un plan/programme intelligent et réalisable.

3. Prenez soin de votre santé. Sans santé, il n'y a pas de véritable richesse.

4. Vous devez conserver votre énergie.

5. Soyez honnête dans votre vie (en paroles, en actes, en pensées et en actions).

6. Tenez-vous en aux vertus et adoptez de bons principes.

7. Réfléchissez à des personnalités idéales et cherchez la force de votre philosophie.

8. Cherchez la direction divine et soyez sincère.

9. S'efforcer d'aider et de servir les autres avec gratitude.

10. Pensez toujours positivement et croyez en la puissance de Dieu.

La pensée transformatrice est en effet la voie du succès. Établissez un plan pour atteindre votre objectif et ruminez délibérément sur la signification de ce plan et faites-en une réalité.

Depuis des temps immémoriaux, de grandes personnes de tous horizons sont apparues comme de véritables vainqueurs et la raison en est d'entraîner l'esprit au bonheur. La discipline éthique est essentielle, en particulier l'autodiscipline.

Chaque individu est unique. Ce qui est bon pour la personne A peut ne pas l'être pour la personne B. Cependant, il convient de souligner que chacun peut jouir du calme, de la solitude et du silence, et pour être honnête, chaque individu, indépendamment de son âge, de sa caste, de ses croyances, de sa couleur, de son sexe, a connu à un moment ou à un autre la paix.

Après avoir découvert par essais et erreurs, vous pouvez déterminer la manière précise de composer votre corps-esprit complexe et ainsi atteindre de grands sommets.

La méditation n'est peut-être pas efficace pour tout le monde, mais cela ne signifie pas que vous ne devez pas improviser de telles méthodes lorsque c'est nécessaire.

Soyez systématique, et votre seul objectif devrait être d'employer des méthodes qui vous apportent succès et bonheur.

Nos facultés mentales déterminent nos actions, et il est tout à fait évident que l'esprit doit être apprivoisé et maîtrisé. Une vigilance constante est nécessaire et une formation continue de l'esprit ouvrira la voie au succès final.

Ne vous laissez pas dicter votre conduite par votre esprit !

Les idéaux optimistes, héroïques et nobles ont un effet puissant et édifiant sur le corps. L'enthousiasme, l'application délibérée et bien orchestrée de soi-même dans une ambiance joyeuse et un optimisme absolu est la voie secrète vers la richesse pour tous les grands hommes.

Le pouvoir des pensées

Le chapitre précédent a souligné l'importance de cultiver une attitude juste et de développer la foi en ce que l'on cherche à réaliser dans la vie.

Rien dans la vie n'est impossible, sauf si vous croyez qu'il en est ainsi. Les pensées sont de remarquables "faisceaux" d'énergie et si vous vous accrochez avec ténacité à une certaine pensée avec une volonté dynamique, il n'y a aucune raison pour que cette pensée ne puisse pas se manifester selon le plan que vous avez créé.

J'ai brièvement mentionné plus tôt comment une personne intéressée par l'art peut accroître ses capacités à exceller dans la vie. Je vais maintenant utiliser le même exemple pour illustrer le pouvoir de la pensée. Un artiste développe une idée pour créer une peinture ou un dessin d'un beau paysage.

Le processus de réflexion initie une série d'idées et l'artiste utilise ensuite ces idées pour produire l'œuvre squelettique, ce qui lui permet d'achever l'œuvre finale selon le plan mental initialement créé. Une simple réflexion permet à l'artiste de créer le chef-d'œuvre!

Cette création est en soi un principe scientifique basé sur la loi universelle de la création. C'est la source à partir de laquelle tout se manifeste. Elle est en nous tous, et elle peut certainement être exploitée si vous êtes prêt à essayer. Le secret n'est pas vraiment un secret, mais c'est un trésor caché en chacun de nous et nous avons le droit de l'utiliser de la manière la plus efficace.

N'est-il pas vrai que lorsque vous voyez quelqu'un d'aussi heureux et euphorique, votre esprit s'embrouille de joie et vous découvrez qu'il y a un sourire sur votre visage?

Les pensées sont si étroitement liées à l'esprit. Si les pensées sont calmes, l'esprit est calme. Dans tous les aspects de la vie, qu'il s'agisse de créer une entreprise, d'obtenir son premier emploi ou de se marier, la relation entre l'esprit et la pensée est la plus importante.

Systématiquement, nous devons donc former et discipliner l'esprit pour une pensée correcte et une activité diligente, et ainsi avoir une compréhension correcte de ce que vous voulez vraiment dans la vie, et comment cela ajoutera au dynamisme efficace dans votre poursuite et ce que vous recherchez en fin de compte - votre chemin vers le succès et la richesse deviendra gracieux, significatif et accessible!

Les personnes possédant certaines qualités sont attirées presque magnétiquement, et ces qualités sont appelées des qualités positives. Ces qualités sont présentes en chacun de nous, mais elles ne sont ni invoquées ni clairement comprises. Nous savons ce que signifient l'amour, la bonté, le courage et la joie ; ce sont de nobles vertus, et nous les reconnaissons aussi comme des qualités que nous admirons chez les autres.

Bien que nous le sachions, lorsque nous agissons, nous le faisons en compromettant des idéaux. La raison en est que nous ne sommes jamais fidèles à nous-mêmes - nous jouons et montons constamment un "spectacle" pour plaire à tout le monde autour de nous, sauf à nous-mêmes! Il est douloureux, démoralisant et très angoissant de ne pas être soi-même.

Vous pouvez vous exclamer avec incrédulité, et rester assis, qu'est-ce que cela a à voir avec la richesse et la prospérité? Je reconnais votre inquiétude, mais je vous demande humblement de prendre un moment ou deux et, dans le silence de la nuit, de réfléchir profondément à ce point. Je voudrais que vous mettiez en pratique ce que j'ai mentionné plus tôt en étant vous-même.

Remarquez les changements qui se produisent au fil du temps, et ce que vous découvrirez réellement, c'est que lorsque vous pourrez exprimer le parfum de vos qualités ou caractéristiques positives innées (de qui vous êtes vraiment), alors non seulement les gens mais aussi toutes les choses que vous avez toujours voulues ou désirées viendront à vous.

"Comme la pensée, l'esprit aussi."

Afin de réaliser vos objectifs et vos rêves, vous devez mettre en pratique ce que le livre décrit.

L'inclinaison habituelle de nos schémas de pensée est en fin de compte le facteur décisif qui détermine nos capacités, nos talents et nos caractéristiques personnelles. Sur la base de ces connaissances essentielles et vitales, on suppose que ces quelques chanceux sont nés avec le talent spécial qui vous manque et que vous désirez ardemment avoir.

C'est en grande partie vrai, mais il faut dire que personne ne naît millionnaire, un point c'est tout ! L'information précieuse réside dans l'art de cultiver le modèle qui apporte le succès. Nous sommes ce que nous pensons être.

C'est vrai quand les maîtres disent: "Vos pensées créent l'environnement.

- Les pensées développent la personnalité
- Des pensées qui favorisent la santé
- Les pensées influencent le corps
- Les pensées peuvent changer et façonner l'avenir (destin)
- Les pensées apportent la création
- Les pensées influencent la physiologie et la psychologie des gens
- Les pensées peuvent apporter le succès
- Les pensées peuvent même guérir le corps

Surveillez constamment vos pensées. Vos expériences et l'environnement ont leur "siège" dans vos pensées.

Votre suggestion et votre auto-suggestion par le biais de techniques de méditation et de visualisation doivent être plus fortes que les "pensées", et lorsque vos actions vous élèvent, sachez que vous avez compris l'art de contrôler vos processus de pensée.

On peut tout réaliser par le pouvoir de la pensée. La visualisation fait appel à votre imagination pour vous permettre d'"imaginer" votre succès ou d'atteindre votre objectif sérieux.

Vos pensées ou vibrations mentales sont incroyablement puissantes, car l'esprit a un lien tangible avec vos pensées et vos actions. Vos pensées sont des énergies subtiles et ont une forte connexion avec notre conscience.

Par conséquent, nourrir constamment des pensées positives par la visualisation, le yoga et la méditation apportera harmonie, bonheur, santé et richesse !

Facteurs à l'origine de l'inertie

La première chose, et la plus importante, est l'introspection, ce qui signifie littéralement que vous faites le point sur vos traits et vos habitudes.

Souvent, le manque d'auto-analyse est la cause de notre échec, et c'est l'absence d'un effort et d'une attention définis et indivisibles qui fait obstacle à votre progrès et à la réalisation de votre objectif.

L'introspection consiste donc à réévaluer notre "blocage" mental et à diagnostiquer les déficiences en éliminant les tendances négatives sous forme d'habitudes, d'indécision, de peur, de manque de confiance, etc. que nous appelons souvent des échecs.

Il est temps de vous revitaliser afin qu'en déracinant toutes ces négativités de votre vie, le vrai bonheur avec le zèle du progrès devienne proéminent et bien ancré.

Le plus grand ennemi qui nous empêche d'avancer dans la vie, outre l'apathie, le manque de confiance et le complexe d'infériorité, est la PEUR. La peur nous empêchera littéralement d'aller de l'avant - en fait, nous n'atteindrons même pas notre objectif de réussite. La meilleure façon de combattre la peur est de pratiquer des exercices de respiration profonde, et chaque nuit d'affirmer mentalement que vous êtes sous la protection de la personnalité suprême du divin, et de dynamiser vos pensées avec des sentiments positifs.

Déracinez consciemment les graines de la peur de l'intérieur en forçant la concentration sur le courage, et changez votre conscience à un niveau qui vous permet d'apprécier pleinement que vous êtes au-delà de tout type ou genre de douleur. La peur vient du cœur, alors remplissez votre cœur d'AMOUR, et lorsque vous vous sentez agité, détendez-vous, calmez-vous et respirez de façon rythmée, en vous relaxant à chaque expiration.

Bien sûr, il y a un autre problème, qui est selon moi la principale cause de frustration et qui diminue par la suite notre capacité à exceller dans la vie. C'est ce que j'appelle "vouloir des résultats sans avoir la volonté de faire l'effort". J'ai personnellement échoué à cause d'une vision aussi négative, et je suis le premier à l'admettre ouvertement.

Voici où ce que j'ai dit précédemment devient clair. L'échec, la douleur, la maladie et les insuffisances sont des éventualités naturelles lorsque la loi de la nature est violée.

La transgression et la violation de la loi éternelle de la nature apportent la misère. En tant qu'êtres humains, nous avons la capacité de façonner, de corriger et de changer nos vies, nos objectifs et notre destin.

Le plus grand obstacle que vous rencontrerez dans votre vie est votre environnement immédiat. S'il y a quelque chose que vous devez changer - vous avez peut-être remarqué que j'ai commencé ce livre en paraissant un peu cynique et un peu trop prudent, sans parler d'un peu négatif - la raison principale en sera maintenant évidente.

L'environnement que je viens de mentionner peut être défini de deux façons, à savoir l'intérieur et l'extérieur. Ce sont ces deux domaines de l'environnement que vous devrez surveiller.

Toutes vos expériences proviennent de vos choses mentales - ou de l'environnement intérieur (pensées). Ce que vous percevez par tous vos sens depuis l'extérieur façonnera également votre avenir.

Il est donc important de surveiller vos pensées. Je vous suggère de faire attention à votre environnement intérieur plutôt qu'à votre environnement extérieur. Par exemple, vous avez peut-être rencontré une excellente opportunité d'affaires à domicile qui est potentiellement excellente et juste pour vous à tous égards.

Vous êtes heureux et désireux d'essayer... mais avec le recul, quelque chose dans ce métier vous empêche d'aller de l'avant. Il peut y avoir plusieurs raisons à cela, mais je suis très curieux de connaître la raison principale. Soyez assuré que ce ne peut être l'argent (parce que c'est dans votre budget), ni un battage médiatique (parce que cela a apparemment fonctionné pour des milliers de personnes avec des témoignages à confirmer).

Alors, qu'est-ce que je me demande? Réfléchissez à ce point, et vous arriverez sans doute à une conclusion favorable...et étonnamment, c'est la chose de l'esprit l'auteur.

Pour réussir dans la vie, vous devrez commencer par corriger vos schémas de pensée, car c'est la compagnie de vos pensées et l'affinité que vous avez avec elles qui détermineront votre destin.

"Les pensées sont exprimées à travers le corps physique."

Le facteur de risque

Sans m'écarter du sujet, je voudrais vous rappeler ce que j'ai mentionné au début du livre sur la nature dualiste de la vie.

Pourquoi certaines personnes ont-elles autant de chance et d'autres sont laissées pour compte dans la lutte pour le succès?

Mais comme nous le savons tous, ce qui rend une personne plus riche que l'autre dépend largement du choix ou de la décision prise, ainsi que du ou des risques reconnus grâce à une meilleure compréhension du pouvoir de la discrimination et à la capacité de peser et d'équilibrer la balance de sa faculté intuitive.

Maintenant, le risque que vous prenez doit être basé sur la compréhension que l'entreprise que vous avez décidé de poursuivre a fait l'objet d'une enquête approfondie. Vous ne vous engagez à passer un examen de conduite, par exemple, que lorsque vous vous sentez suffisamment compétent pour le passer et pas autrement.

Par conséquent, le risque que vous prenez à cet égard doit être ce que j'appelle un risque informé. En d'autres termes, il s'agit d'une situation dans laquelle vous avez confiance en ce dans quoi vous vous engagez, et ceci est également basé sur la source d'information que vous avez bien recherchée.

Le fait que vous lisiez maintenant ce rapport est pour comprendre comment atteindre le succès financier - par conséquent, ce rapport est en quelque sorte votre outil de recherche qui vous permettra de mettre en œuvre les techniques et les conseils décrits pour atteindre l'objectif. Par conséquent, les actions entreprises proviennent directement d'une source qui peut être considérée comme authentique, précieuse et réelle.

Une fois que vous êtes sûr de pouvoir passer l'examen de conduite avec les conseils du moniteur d'auto-école, vous décidez de passer l'examen de conduite - c'est le meilleur moyen de garantir la réussite. Je voudrais corriger une question qui a déjà été soulevée et qui a trait à l'apprentissage.

Vous devez être prêt à apprendre constamment, car pour acquérir une compétence, une connaissance et un pouvoir, vous devez être prêt à **APPRENDRE**.

L'engagement est la force vitale à laquelle il faut s'habituer dès le début. N'oubliez pas que dans certaines situations, vous n'avez peut-être pas le contrôle direct pour provoquer un changement prévisible, ce qui peut entraîner beaucoup de maux de tête.

Toutefois, cela n'est pas forcément le cas, car ce qui importe vraiment, c'est le mécanisme ou la manière dont la situation est contrôlée et, en fin de compte, la façon dont vous y réagissez.

Le problème est que nous avons tendance à vivre à la fois dans le passé et dans l'avenir. Lorsque notre faculté mentale est surchargée, nous nous décourageons.

Le fardeau est trop lourd pour l'esprit, nous devons donc le limiter. Lorsque nous avons trop à faire à un moment donné, nous devons immédiatement cesser nos activités. L'horloge fait tic-tac régulièrement, elle ne peut pas être à vingt-quatre heures en soixante secondes, ni faire en une heure ce qui peut être fait plus efficacement en vingt-quatre heures. Vivez pour le présent, et l'"avenir" s'occupera de lui-même.

Ne soyez pas avide et surtout ne vous épuisez pas à "vouloir" devenir millionnaire !

Les choses ont changé, de plus en plus de gens se tournent vers un style de vie simple, qui revient à l'essentiel - sans autant de luxe et moins de soucis.

Le concept dualiste de la nature prévaut partout - vous ne pouvez pas prospérer si vous faites des chèques sans avoir de fonds crédibles ou de crédit (dépôt) sur votre compte bancaire, tôt ou tard vous serez à court d'argent.

Sans la tranquillité d'esprit, la cagoule probable de la "vapeur", le bonheur, le calme et la force, vous serez mentalement, émotionnellement, spirituellement et physiquement "brisé". Quel dommage que tout cela ait atteint un point de désolation totale !

C'est à ce moment que vous devez vous concentrer sur le pouvoir qui est en vous et affirmer mentalement votre but dans la vie ; vous pouvez vouloir vivre une expérience agréable afin d'oublier complètement vos soucis. Il s'agit de ne rien prendre trop au sérieux, de profiter de ce que vous avez et d'être heureux avec ce à quoi vous avez droit.

À éviter

Il est naturel que lorsque l'inattendu se produit, nous sommes beaucoup plus susceptibles de réagir négativement. Toutefois, il n'est pas nécessaire que ce soit le cas ; le livre révèle des moyens d'atteindre votre objectif de manière harmonieuse et diligente.

Voici quelques conseils qui vous seront utiles:

1. Lorsque les choses tournent mal, ne réagissez pas de manière excessive. Pensez positivement et calmement.

2. Ne pas trop juger, ni trop critiquer.

3. Essayez de ne pas ignorer une mauvaise situation, faites attention à votre zone de confort.

4. La sagesse et la force seules peuvent vous aider à surmonter de nombreux problèmes imminents de la vie.

5. Affrontez les problèmes de front.

6. Évitez la cupidité et la vanité de toute sorte.

Il existe une éthique des affaires et un homme d'affaires doit la mettre en pratique. Ceux qui sont strictement honnêtes et sincères prospéreront dans les affaires. Considérons une fois de plus l'art comme un exemple pour mettre en évidence ce qui a été discuté jusqu'à présent. Comme nous le savons tous, nous avons des pouvoirs innés - en chacun de nous se trouve la réserve d'énergie latente qui éclate pour être "réveillée".

Supposons que vous ayez le pouvoir créatif et qu'en tant qu'artiste, par exemple, vous puissiez peindre et dessiner pratiquement n'importe quel sujet ou thème.

Il est évident que vous avez un talent considérable, car tous les artistes n'ont pas cette capacité. Comme vous en êtes conscient, vous pouvez supposer que parce que votre œuvre est bonne, elle a un bon potentiel de vente. C'est vrai, mais considérons tous les facteurs qui doivent être pris en compte étape par étape.

1) Vous êtes peut-être un très bon artiste, mais si votre travail n'est pas remarqué et apprécié, il n'a pas de réel intérêt. Il est donc important que votre travail soit remarqué (par une exposition maximale) et la façon de le faire est d'établir votre nom.

Pour cela, il faut contacter les bonnes sources et approcher les artistes qui ont suivi la "même" courbe d'apprentissage pour atteindre le chemin de la prospérité. Vous devez tenir compte du concours qui peut exister dans le domaine choisi. Vous devez préparer une bonne base - cela peut être fait en utilisant les informations contenues dans les pages de ce livre.

2) Votre œuvre d'art peut être exceptionnellement belle, mais si vous ne comprenez pas la dynamique du marché, votre œuvre risque de ne pas s'épanouir.

3. De votre point de vue personnel, votre travail peut sembler avoir un grand potentiel. Toutefois, il est important d'apprécier l'opinion du grand public, c'est-à-dire de vos acheteurs potentiels.

N'entrez pas dans la routine que la plupart des gens font, "écouter ce que l'on veut entendre" est une sorte de condition préalable qui peut apporter une misère indicible.

4. Vous devriez vous pencher sur d'autres domaines pour développer votre potentiel. Élargissez la catégorie/le sujet du sujet, utilisez différents types de médias (par exemple, acrylique, huiles, médias mixtes, etc.), décidez comment promouvoir votre travail, vous pouvez même vouloir vendre des originaux ou reproduire des estampes... Les possibilités sont infinies, la question est de savoir à quel point vous êtes déterminé dans votre quête du succès.

La psychologie du succès dépend de nombreux facteurs, mais celui qui me semble le plus vital est la confiance en soi. La plupart des gens n'atteignent jamais le premier stade de la réussite parce qu'il leur manque cette caractéristique essentielle.

Ces conditionnements proviennent souvent de leurs expériences personnelles, mais le facteur causal est l'environnement, qui a déjà été évoqué. S'il est bon d'être prudent dans tout ce que vous faites dans la vie, il est tout aussi essentiel de ne pas se laisser prendre par les détails techniques du "processus" mais de se concentrer sur les avantages et la récompense finale qu'il produit.

Consacrez votre objectif à la réussite en mettant en œuvre les cinq mots cardinaux commençant par la lettre D à votre réussite, à savoir : dévouement, discrimination, discipline, détermination et devoir.

Il n'y a rien de mal à poser des questions sur les propositions qui vous sont présentées ou même sur les opportunités commerciales que vous avez l'intention de poursuivre. Tant que ces questions fournissent toutes les réponses et que vous décidez d'aller de l'avant en tenant compte de tous les facteurs, tout va bien.

Cependant, lorsque vos questions vont à l'encontre du but même de votre recherche, cela devient un "cercle vicieux".

Pourquoi, quoi, où, quand, qui sont les mots que nous utilisons souvent pour trouver des informations sur tout ce qui se passe dans la vie, y compris sur les questions liées aux affaires.

La question avec le mot pourquoi est nécessaire nous aidera à tirer une conclusion parfaite et nous aidera à surmonter les doutes. Le problème est que si vous n'êtes pas clair sur votre ou vos objectifs, la question même par laquelle vous souhaitez poursuivre l'entreprise n'a aucun sens.

Vous devez prendre en compte les objectifs et les avantages probables à long terme, ainsi que la manière dont votre premier pas vers la richesse et la réussite vous permettra de profiter de plus hauts sommets.

Les erreurs inévitables

En tant qu'êtres humains, nous sommes très agités - nous sommes souvent submergés par la joie, le succès ou la gratification. Il est très important de garder son calme lors de tels événements, car l'émotion peut entraîner des problèmes, dont on dépense trop.

Cela dit, il est également très important de réaliser que le succès peut simplement vous "frapper", en ce sens que vous pouvez devenir complaisant et "décider" de ne pas faire grand-chose, parce que "vous avez tout".

C'est une phase terrible dans laquelle vous pouvez éventuellement entrer, et dont vous devez être conscient à tout moment. Cependant, la seule chose à laquelle vous devez faire attention est le complexe de l'ego

- ne laissez pas votre ego devenir un obstacle dans votre effort pour atteindre la richesse.

Le meilleur remède pour éviter l'ego est d'économiser l'énergie. L'énergie qui a été produite et conservée, si elle n'est pas dirigée vers les bons canaux, sera catastrophique.

Nous devons contrôler nos pulsions, et c'est là que l'art de pratiquer l'équilibre dans la vie devient un outil essentiel pour votre réussite. Parler sans rien faire est un facteur unique qui peut détruire votre désir de réussir.

N'oubliez pas que ce sont les personnes qui vous entourent et l'entreprise que vous dirigez qui détermineront votre réussite future. Vous perdez peut-être un temps précieux, mais les personnes qui vous entourent feront encore pire, contribuant à la perte totale de votre propre temps.

Par conséquent, comme le dit le proverbe, "ce qui ressemble attire ce qui ressemble" devrait être la maxime, et surtout faire preuve de bon sens tout le temps, et ne faire que ce qui produit des résultats positifs.

Le fait d'être systématique permet également d'éviter la confusion et l'inconfort, qui peuvent avoir un effet négatif sur votre entreprise et vos objectifs. N'acceptez pas d'emplois qui peuvent vous ralentir.

Essayez d'évaluer la situation, en accordant beaucoup d'importance aux priorités - ne tergiversez pas, ne perdez pas de temps et, surtout, ne gaspillez pas votre précieuse énergie. Si vous agissez avec prudence, le temps sera géré de la manière la plus efficace.

Si les mots, les actes, les pensées et les actions sont bons, alors la vie sera bonne, et chaque instant sera porteur de succès et le "temps" pris pour atteindre l'objectif convoité sera...

eh bien, votre supposition est aussi bonne que la mienne.

"L'esprit est la cause de l'esclavage et de la liberté."

La loi du succès

Il suffit de comprendre les principes communs, dont certains ont été évoqués plus haut, pour réussir.

Un effort conscient doit être fait pour offrir de bonnes expériences à l'esprit. La nature a fourni à l'homme tout en grande abondance - malheureusement, les êtres humains n'ont pas réalisé ce fait.

Vous devez vous décider pour réussir, comment pouvez-vous le faire efficacement?

Comment pouvez-vous développer le testament? Le succès vient avec la planification, la détermination et la foi, sans aucun doute. Pour déterminer ce fait, je vous suggère d'essayer ce qui suit : Choisissez un objectif que vous pensez ne pas pouvoir atteindre, puis essayez avec toute votre énergie et votre force de faire cette seule chose.

Cela peut aller du dessin d'un portrait à la maîtrise de l'utilisation de l'ordinateur. Lorsque vous avez réussi, passez à quelque chose de plus grand et continuez à essayer d'exercer votre volonté. Malgré les revers, vous ne devez pas trembler, mais plutôt puiser des forces dans votre environnement et, surtout, apprendre de personnes partageant les mêmes idées qui ont cherché à réussir avec courage et sans jamais perdre espoir.

Souvenez-vous de personnes comme Abraham Lincoln, Henry Ford, Mère Teresa et bien d'autres qui ont atteint la position convoitée grâce à leur pouvoir inné de foi et à leur volonté dynamique. N'oubliez pas que vous pouvez vous aussi obtenir le même succès.

Cette loi peut être appliquée par tout le monde et elle fonctionne. Il est vrai que nos pensées et nos actions façonnent notre avenir et notre destin. Vous devez être prêt à canaliser vos talents et capacités innés dans la bonne direction, afin de pouvoir atteindre de nouveaux sommets.

Pour récapituler ce qui a été dit jusqu'à présent, permettez-moi de vous rappeler ce qu'il faut pour réussir.

- La planification est cruciale et peut-être l'étape la plus importante de votre réussite.

- Soyez prêt à changer vos points de vue, vos habitudes et vos schémas de pensée.

- Ne poursuivez que les tâches qui sont importantes. Vous devez séparer vos besoins de vos désirs - la frontière est mince, alors faites preuve de discrimination.

- Gardez un œil sur votre situation financière personnelle. Faites un bon budget et réduisez les dépenses.

- Entourez-vous de personnes ayant une personnalité positive et de celles qui ont réussi. Lisez des livres sur des personnes qui ont réussi dans la vie.

- Ne prétendez pas être quelqu'un que vous n'êtes pas. Soyez vous-même et ne vous vantez pas.

- Élargissez votre horizon et soyez enthousiaste et ambitieux.

- C'est bien d'augmenter ses revenus, mais c'est encore mieux d'investir dans des actifs qui vous rendront riches.

- Soyez prêt à travailler dur et à faire des sacrifices.

Les bonnes actions nous enrichissent, nous renforcent et nous motivent, en dynamisant complètement nos ressources internes.

Cultiver de telles valeurs et adhérer aux bonnes valeurs dans la vie nous aidera à grandir et à réussir.

Une alimentation et une exposition aussi constantes peuvent façonner notre caractère et nous aider à racheter nos tendances inférieures.

Il est temps d'apprendre qui vous êtes

Je désapprouverais quiconque penserait même à faire un commentaire, en disant que le succès n'est qu'un souhait.

Nous ne sommes pas nés de l'échec - laissez-moi clarifier ce point. Nous avons tous réussi dans notre vie, à un moment ou à un autre, et c'est une **VÉRITÉ** indéniable.

Les points suivants vous permettront sûrement de comprendre qui vous êtes vraiment, et c'est une garantie. Une fois que vous aurez déterminé vos propres attributs, il sera beaucoup plus facile d'adopter des idéaux qui vous permettront de sauter vers de plus hauts sommets.

1. êtes-vous généralement enthousiaste et positif ou tout le contraire ?

2. Aimez-vous travailler dur et feriez-vous un effort supplémentaire si vous faisiez ce que vous aimez?

3. êtes-vous tout ce que vous pouvez être ? Vous voudrez peut-être analyser vos points forts et vos points faibles.

4. êtes-vous satisfait de votre situation actuelle et/ou de vos circonstances ?

En répondant à ces trois questions très importantes, vous pouvez déterminer votre avenir. Rappelez-vous l'importance de la discipline et de l'organisation mentionnées ci-dessus.

Le point suivant que je veux faire valoir est la simplicité. Ne créez pas de difficultés inutiles dans le cheminement de votre travail et dans l'objectif de réussite.

Par simplicité, je veux dire, ne compliquez pas la situation et ne laissez pas le succès vous monter à la tête - l'attitude pompeuse est un autre problème qui peut vous faire tomber. Soyez humble, ferme et juste dans vos efforts pour réussir.

Un individu calme peut accomplir pratiquement n'importe quoi simplement par le pouvoir de la concentration - c'est une vérité basée sur la science.

Les recherches ont clairement montré que des techniques telles que le yoga, la visualisation et la relaxation peuvent entraîner une plus grande prise de conscience, permettant ainsi à l'individu d'atteindre son plein potentiel.

Grâce au pouvoir de la concentration et de l'attention, une personne peut atteindre ce qu'elle a souhaité.

Le besoin de changement

Nous sommes tous très conscients que rien ne reste permanent dans la vie, même si nous comprenons que la vie elle-même est un continuum. Ce que nous n'avons pas réalisé, c'est que nos propres attitudes, conditionnements et propensions nous empêchent d'intégrer le changement.

L'une des choses les plus difficiles à changer est notre nature (pensées indélébiles), en particulier celles qui ont laissé une marque (empreinte) sur notre psyché.

Nous sommes peut-être capables de changer beaucoup de choses autour de nous, mais la nécessité de changer nos pensées, nos attitudes et nos habitudes, qui sont presque certainement devenues une partie de notre propre identité, devient une tâche ardue et difficile.

Comme pour toute chose dans la vie, le temps peut tout guérir - laissez le temps vous aider à grandir dans la vie et ne perdez pas de temps à atteindre vos objectifs individuels.

Comment changer notre attitude mentale ? La réponse est très simple : une fois de plus, il n'y a pas de secret en tant que tel, et la tâche n'est pas ardue. La première réponse réside dans le mot "changement" lui-même. En changeant progressivement votre mode de vie, vous atteindrez votre objectif beaucoup plus rapidement. Je dis que la réponse est facile en ce qui concerne la manière dont nous pouvons obtenir des changements positifs, parce que considérons les habitudes, par exemple.

Comme nous le savons tous, les habitudes prennent du temps à s'imposer. Tout comme vous "apprenez" vos habitudes au fil du temps, vous commencez simplement à les désapprendre. Les habitudes sont très difficiles à éradiquer en même temps, et il reste donc du temps pour s'occuper de ses habitudes. Quel est le rapport avec le fait d'être heureux et riche ?

Eh bien, mes amis, je voudrais vous renvoyer la même question. Demandez-vous pourquoi vous n'avez pas pu progresser.

Mettez en pratique ce que vous avez recueilli jusqu'à présent. Asseyez-vous dans un coin tranquille et ouvrez votre cœur, et résolvez ce problème - la réponse à tous vos problèmes, bons ou mauvais, est en vous. La précision du problème variera sans doute, mais la ou les raisons en sont évidentes.

Pourquoi la personne Y peut-elle arrêter de fumer alors que la personne Z a beaucoup de mal à le faire, alors qu'elles fument toutes deux depuis dix ans et qu'elles fument toutes deux vingt cigarettes par jour ? La réponse se trouve dans ce dont j'ai parlé plus haut, et c'est notre **PENSÉE**.

La seule chose que vous devrez changer dans votre vie est votre perception actuelle de qui vous êtes, de ce que les autres pensent de vous et, enfin, de qui vous êtes vraiment ?

Vous pouvez changer vos pensées, votre environnement et vos stratégies commerciales, mais vous devrez réaliser que vous ne pourrez pas changer la loi de la nature elle-même - elle est parfaite. Nous devons donc le respecter et commencer à adhérer à sa dynamique de gouvernance, sans la violer. Comment la nature peut-elle affecter notre succès?

C'est une question valable, mais après une analyse approfondie, vous comprendrez qu'en tant qu'êtres humains, nous enfreignons constamment les règles, les lois et les processus éternels de la vie au quotidien.

Sans trop s'écarter du sujet, observez attentivement et remarquez comment le beau rythme de la nature fait son devoir quotidiennement sans aucune discorde et interruption. De la même manière, nous avons beaucoup à apprendre de la nature. S'écarter de la vérité conduit au désarroi et à l'échec, et enfreindre les lois de la nature entraîne le désespoir - en bref, le macrocosme et le microcosme sont indifférents.

Les décisions que vous prenez dans votre vie détermineront l'issue de vos événements futurs. Pensez toujours en premier lieu à ce que vous allez faire ou à ce que vous avez l'intention de faire, et en prenant cette mesure, à la manière dont elle vous affectera.

N'agissez pas sur une impulsion, mais restez plutôt calme, tranquille et essayez de maintenir un silence profond autant que vous le pouvez. Il est tout simplement étonnant de voir ce qui peut être réalisé par le silence et l'introspection.

Je vous suggère d'entreprendre une forme d'exercice de relaxation, comme la méditation ou même le yoga, pour vous aider à atteindre la paix et le succès. Le bon jugement est un indicateur parfait de la sagesse par l'expression du pouvoir de l'intellect à travers la faculté de discrimination.

Si vous avez clairement reconnu votre folie, alors vous devez admettre vos erreurs et vos mauvaises habitudes. Si cela dérange les autres ou affecte votre santé, votre conscience, votre situation financière, votre famille, votre bien-être et votre tranquillité d'esprit, alors vous devez vous demander : "Dans quelle mesure serais-je mieux sans cela? Si vous n'en profitez pas, pourquoi le prendre ou y penser?

Comprendre l'échec

La raison est le plus grand ennemi de la foi.

C'est un fait, car il est très probable que le croyant et le non-croyant auront recours à cette déclaration pour étayer leurs arguments respectifs.

Vous connaissez déjà la nature dualiste de la vie et, à ce titre, la raison humaine trouvera des "pour" et des "contre" pour les bonnes et les mauvaises actions respectivement.

C'est alors que vous devez apprendre à être guidé par la voix intérieure de la "conscience". De ce pouvoir inné, de l'intuition, de la vérité, de la paix, de la droiture, de l'amour, de la non-violence (en paroles, en actes, en actions et en pensées) et du pouvoir de la discrimination découlent ce qui suit. Ces attributs ont leur existence dans l'âme.

C'est la plus grande vérité que vous ne pouvez pas vous permettre de ne pas connaître. L'effort est proportionnel à la grâce, mais je tiens à ajouter que le succès n'est proportionnel à l'effort que lorsque vous avez appris à apprécier les qualités de l'amour.

Quoi que vous fassiez, mettez tous vos efforts et faites ce que vous faites avec un amour absolu.

Ceux qui sont prêts à prendre des risques réussissent. On sait que les jeunes sont plus adaptables au changement. Avec l'âge, il devient un peu plus difficile et stimulant d'apporter des changements et de s'adapter à un large éventail de zones de confort. Avant qu'il ne soit trop tard, éliminez le problème dès le début - ne le laissez pas ronger votre système. Comme un virus, agissez et supprimez-le immédiatement de votre système.

Le fait est que nous sommes nés parfaits (je ne veux pas dire dans le sens physique du terme), mais les rigueurs du temps "frelatent" cette perfection, et donc les possibilités infinies qui nous attendent sont floues.

Ce qui nous rend supérieurs, cependant, c'est qu'il n'y a qu'un seul grand don convoité qui nous appartient en permanence, et c'est notre extraordinaire pouvoir de découvrir, de développer et de déclarer que nous, en tant qu'êtres humains, avons la capacité d'atteindre de grandes, voire de plus grandes hauteurs, déjà en nous se trouve la source infinie d'énergie qui est clairement la nôtre !

"Nous sommes les victimes impuissantes de nos propres désirs et besoins."

Le but final

La plupart des gens, et je suis sûr que vous en conviendrez, font tout à moitié, et les raisons de cette situation ont été exposées.

Ils n'utilisent pas tout leur potentiel, principalement parce qu'ils n'ont pas compris le pouvoir de l'esprit.

Nous sommes souvent attirés ou forcés à faire des choses qui nous font souffrir. Les plaisirs temporaires apportent la tristesse, et par conséquent, la plupart d'entre nous, par peur ou même par manque de confiance, sont "obligés" de jeter l'éponge.

Ce n'est pas forcément le cas, car ce livre vous donne la possibilité de surmonter ces obstacles, en livrant des mots si puissants que vous pouvez changer votre situation. Il est temps d'examiner très attentivement les graphiques dans votre esprit.

Après l'introspection, il est temps d'enlever la saleté et, en utilisant le pouvoir de la discrimination, de distinguer ce qui vous procure un bonheur durable plutôt que la tristesse.

L'essentiel est que vous devez exercer un contrôle sur vos pensées.

Vous trouverez ci-dessous des conseils pour vous guider dans votre voyage vers la richesse, la santé et le bonheur.

- Évitez de vous attarder sur toutes les mauvaises choses que vous avez faites.

- Répéter sans cesse les mauvaises actions devient une habitude. Veillez simplement à ne pas répéter ces actions.

- Ne vous considérez pas comme un échec. Utilisez l'échec comme un moyen de réussir - n'abandonnez pas tant que vous n'avez pas atteint le but souhaité.

- Vous devrez effacer les sillons des mauvaises habitudes que vous avez créées en créant de bonnes habitudes. Si vous êtes paresseux, décidez d'être positivement actif et assertif - fixez-vous des tâches ou des objectifs et assurez-vous de les atteindre.

Le fait que nous résistions au changement montre que nous avons nos propres "zones de confort" et que c'est le résultat de nos pensées. Pourquoi résistons-nous au changement? La réponse simple à cette question est la peur du changement.

Le changement signifie que nous devons laisser tomber ce qui nous semble "juste".

La question qui reste posée est la suivante : qu'est-ce qui est le mieux pour vous? C'est une question difficile, et la réponse est que tant que nous ne sommes pas complètement satisfaits de nous-mêmes, même un millionnaire qui veut un million supplémentaire est un mendiant. Combien d'entre nous sont heureux?

Nous recherchons des résultats instantanés, et lorsque nous ne "voyons" pas les résultats, nous nous décourageons et abandonnons. Je suis convaincu que lorsque vous voulez quelque chose pour les bonnes raisons, rien ne vous empêche de l'obtenir - c'est la loi éternelle.

Ouvrir la voie du succès

J'ai écrit ce livre avec une seule intention en tête et c'est de vous aider à comprendre et, en fin de compte, à vous aider à réaliser le pouvoir de l'esprit.

Vous découvrirez bientôt une série d'étapes que vous devez suivre très strictement pour déterminer votre désir profond. Ces étapes ne sont pas des tâches monumentales, mais de simples directives pour vous aider à démarrer.

1. Croyez en vous et en la puissance des affirmations Les personnes qui réussissent deviennent prospères grâce à l'utilisation constante de leur volonté. N'ayez pas peur des revers dans les premières étapes.

Transformer les échecs en succès par la sagesse, la force et la foi.

2. Croyez en la philosophie de la "vie simple et de la pensée élevée".

3. Ne rien reprocher à personne. Efforcez-vous de surmonter vos plaintes passées et d'aller de l'avant. Essayez de pardonner à chacun "la douleur n'aide jamais".

4. L'honnêteté est la règle d'or. Observez le silence, méditez et éliminez toutes les tendances négatives de votre système (c'est-à-dire la jalousie, l'ego, la haine, la peur, etc.). Respectez les principes suivants : amour, vérité, droiture, paix et non-violence (vous ne devez même pas blesser quelqu'un par vos paroles, vos actions et vos pensées).

Avec une détermination absolue, il est important que, pour réussir, vous vous associiez à des personnes qui ont déjà réussi.

Pour comprendre l'objectif de ce livre, il est essentiel d'examiner les points suivants. Vous comprendrez mieux maintenant pourquoi le succès ou l'échec dépend de la façon dont vous vous définissez :

IMAGE: Plus vous vous sentez bien dans l'image que vous avez de vous-même, plus vous avez de chances de réussir. L'image ne signifie pas nécessairement l'apparence ; elle a aussi un sens plus profond et connote la réflexion.

L'image que vous pouvez avoir de vous-même est plus susceptible de provenir de ce que vous "pensez" de vous-même. L'environnement interne dont j'ai parlé plus haut peut jouer un rôle crucial dans la détermination de votre objectif final.

EMOTIONS: Il est évident que nos pensées et nos sentiments, qui sont subtils, ont une grande influence sur notre vie. La meilleure façon de contrecarrer ces forces subtiles est d'exercer le silence pendant la méditation et les exercices de relaxation.

Il est conseillé de faire une forme d'exercice pour garder l'esprit positivement actif. Bien sûr, le deuxième avantage est la santé. Un corps sain est un "véhicule" parfait pour se sentir bien.

Chaque individu cherche le bonheur dans la vie. Maintenant, le même bonheur que nous recherchons devient une joie une fois trouvée. Cette joie peut dépasser la "béatitude" simplement en étant incorporée.

AMOUR: Vous devez partager l'amour dans ce que vous faites et vous devez aimer ce que vous accomplissez quotidiennement dans votre vie. Dans le silence de la nuit, faites une introspection et apprenez à améliorer votre vie (en paroles, en actes, en pensées et en actions) et remerciez l'énergie universelle suprême.

Outre ce qui a été dit ci-dessus, de bonnes compétences en matière de communication, d'interaction et de bonnes relations sont la voie à suivre - c'est en fin de compte l'essence des vertus et du caractère qui vous permettront de réussir.

Développez une personnalité harmonieuse, et rappelez-vous ce qui a été mentionné au début, utilisez toujours des mots affectueux - les mots peuvent apporter la paix ou déclencher une guerre mondiale.

Conditionner efficacement votre esprit vous permettra d'en récolter les fruits. C'est une très bonne pratique que de scruter vos pensées quotidiennes juste avant de vous coucher, et de les noter dans votre carnet de route.

Fixez des buts et des objectifs au quotidien et travaillez dessus jusqu'à ce que vous les atteigniez.

Le temps est la denrée la plus précieuse de la vie, utilisez-le à bon escient - le temps perdu est une vie perdue. Lorsque vous décidez de réussir dans votre vie, veillez à ne pas avoir de pensées contradictoires. Si vous apprenez à contrôler consciemment et donc à mettre en œuvre les pouvoirs inépuisables qui sont en vous, vous pouvez réaliser beaucoup plus.

Le langage n'est rien d'autre que l'expression de pensées et d'expériences. La communication joue un rôle essentiel dans votre réussite globale, sans parler de votre vie quotidienne. Grâce au pouvoir de la connaissance, vous pouvez atteindre des objectifs spécifiques, car le secret de notre force réside dans notre connaissance. Lorsque vous avez une idée qui est viable, vous devez vous y consacrer à cent pour cent.

N'en parlez pas au monde entier - un tel "spectacle" n'est pas nécessaire. Réfléchissez-y et transformez-le en un "produit" qui a une base solide. Sans une fondation solide, un bâtiment n'a aucune chance de tenir debout.

La loi de la prospérité

Le succès du désir et de toutes les autres bonnes choses de la vie ne fait pas de mal, mais le repos assuré, le désir qui conduit au sentiment persistant de manque ou d'inachèvement peut être dangereux.

Si, pour une raison quelconque, ce désir entraîne des nuits blanches et de la frustration, il est temps **d'ARRÊTER** ce que vous êtes en train de faire.

Le contentement est le véritable facteur unique d'affirmation de votre abondance. Le désir égoïste mène à l'échec total !

La loi spirituelle est très puissante.

Cela dit, vous devez vous efforcer de suivre les principes suivants au quotidien dans votre vie. Soyez toujours bon pour tout ce qui vous entoure, ne soyez pas traître et fourbe. Prenez soin de votre ego et soyez vrai et sincère.

La considération est incroyablement importante, alors n'oubliez jamais les personnes qui n'ont pas autant de chance, et tendez la main autant que vous le pouvez à ceux qui le méritent.

Entraîner son esprit à atteindre de grands sommets n'est pas une tâche difficile. Pendant votre temps libre, ne gaspillez pas votre énergie ; passez plutôt du temps à contempler le pouvoir de votre moi inné.

Méditez quotidiennement et visualisez votre succès et vos objectifs. Mes amis, le pouvoir de l'esprit est tout simplement étonnant, le fait est que nous n'utilisons même pas

10 % dans notre vie quotidienne - maintenant, sur la base de cette compréhension scientifique, imaginez ce que vous pourriez réaliser si vous utilisiez les 90 % restants?

Tout comme vous goûtez la nourriture quand vous la mâchez et la goûtez, faites chaque acte avec un sentiment de gratitude et faites-le de bon gré et, surtout, avec joie.

Ne suivez pas aveuglément chaque petite impulsion, apprenez à réfléchir et à distinguer entre ce qui est temporaire et fugace et ce qui est durable, entre ce qui est essentiel et ce qui ne l'est pas, entre ce qui est agréable et ce qui ne l'est pas.

La conquête de soi nous donnera ce que nous recherchons. Il convient de souligner que l'équilibre est également un ingrédient essentiel dans votre quête de succès et de richesse. Vous devez réserver du temps pour vous et votre famille ou celle de votre proche. Le bonheur permanent doit être indépendant d'un environnement changeant.

Ne devenez pas un bourreau de travail ou un "riche entrepreneur" dans votre quête de succès, de peur que cela ne nuise à votre relation, et encore moins à vos tentatives de réussir réellement dans la vie.

Ne vous écartez pas de la voie de la justice ou de la loi de la nature. C'est très amusant d'être témoin du succès et de la richesse, et la joie qui en découle ne fait aucun doute. Cependant, si le bonheur, la joie et le succès viennent en même temps aux dépens de votre santé, alors je crains que ce soit un terrible gaspillage.

La façon d'être riche, c'est par l'utilisation des vertus suivantes, qui est notre vraie nature, et qui se trouve non seulement dans les êtres humains, mais dans tout ce qui vous entoure : la vérité, la justice, la paix, l'amour et la non-violence. Demandez-vous, si tous les êtres humains appliquaient ces attributs de manière cohérente - le monde et ses habitants prospéreraient.

Nous devons aborder tous nos travaux (y compris les problèmes) ou tâches avec une énergie concentrée et donc les exécuter avec une perfection absolue. S'efforcer de faire toutes les choses (un petit devoir ou un travail aussi petit soit-il) d'une manière extraordinaire. Faites tout votre travail et votre devoir avec **AMOUR** et enthousiasme, et observez les résultats. Ne tentez jamais rien à moitié ; vous ne progresserez pas dans la vie.

Le pouvoir des mots

Le pouvoir des mots peut avoir un impact très fort sur nos esprits et nos vies.

Avant de poursuivre, j'aimerais que vous réfléchissiez à la question suivante : peut-on garder le silence à tout moment ?

Ne laissez personne savoir ce qu'il y a dans votre cœur et votre esprit pour la simple raison que vous n'êtes pas expressif verbalement ou émotionnellement ? Cependant, je peux dire avec certitude que chacun d'entre nous est un bavard silencieux. Nous nous parlons à nous-mêmes de bien des façons et dans bien des situations, parfois nous sommes blessés et parfois le fait de parler en silence nous apporte un merveilleux sourire !

La communication est donc très importante dans la vie. Les mots sont puissants et, selon la façon dont ils sont prononcés, peuvent influencer nos processus de pensée, nos actions et nos comportements quotidiens ainsi que notre vision de la vie dans son ensemble.

Bien sûr, selon la façon dont ils sont utilisés, l'effet que les mots peuvent avoir est assez incroyable, ils peuvent être utilisés pour persuader, informer, blesser, soulager la douleur ou même déclencher une guerre ! Les mots prononcés avec beaucoup d'émotion ont le pouvoir de provoquer des changements qui peuvent accélérer le processus de guérison du corps!

Ce pouvoir énorme réside dans le sens des mots, dans ce qu'ils signifient pour la personne qui les entend. Bien plus que la communication, la vérité, le mensonge et les infinies nuances entre eux, les mots ont le pouvoir de manipuler la pensée et le comportement des autres.

C'est notre interprétation des mots qui est la véritable cause de nos réactions émotionnelles.

Les mots prononcés avec douceur, désintéressement, innocence et un amour absolu sont ceux qui se logent de manière indélébile dans notre être et dont ils produisent leur effet d'excitation sur l'âme. Il est donc très important d'utiliser les mots de manière sélective et appropriée à tout moment et dans toute situation.

La science moderne commence à apprécier l'effet puissant que les mots peuvent avoir sur notre corps lorsqu'ils sont utilisés sous forme de phrases ou même d'affirmations. Saviez-vous que par un effort conscient, nous pouvons créer en nous une très forte force de volonté?

Affirmation de la réussite:

Je le poursuivrai sans relâche, car c'est mon droit de naissance de réussir. Je suis puissant et j'obtiendrai ce dont j'ai besoin au moment où j'en aurai besoin. Je suis destiné à récolter les fruits de mes actions et je partagerai ma joie de la réussite avec tout ce que je connais.

Avantages des affirmations

- L'estime de soi et une attitude positive
- Vous aide à atteindre vos buts et objectifs
- Améliorez votre mémoire et vos compétences
- Aide à créer une estime de soi intérieure (volonté, confiance et caractère)
- Il peut vous aider à évoluer spirituellement

Les mots prononcés avec douceur et amour seront séduisants et susciteront une admiration immédiate. La richesse est en soi un mot, et en soi elle ne signifie rien.

Le seul facteur qui donne de la richesse au mot, le sens, c'est l'intellect. La richesse de l'information est introuvable, mais elle est en nous à tout moment. L'intellect est cultivé par la logique, et le point principal est que la logique et la philosophie arides peuvent souvent être contre-productives. Il est donc essentiel de communiquer efficacement, car dans la poursuite de la richesse, vous devrez vendre votre entreprise ou votre société par la communication (les mots).

Cependant, la communication seule ne correspondra pas à votre succès.

Le pouvoir de l'amour inconditionnel

Il me semble que les gens ont oublié la vraie valeur, le sens et la définition du mot amour.

Vous pouvez vous exclamer et dire ce que l'amour a à voir avec la richesse ! Il est naturellement difficile de définir le véritable amour, laissez-moi vous expliquer, disons que vous voulez apprendre à nager, que vous lisez des livres sur l'art de devenir un bon nageur, mais tant que vous ne sautez pas dans la piscine sous la direction d'un guide, le véritable sens de la natation n'a aucune valeur ni signification réelle.

Il faut goûter le fruit pour connaître son vrai goût, comme le dit le proverbe.

L'amour égoïste enraciné dans des désirs qui ne sont aucunement harmonieux est le plus néfaste, et si vous vous plongez dans l'acquisition de vos objectifs par la tromperie, la calomnie, et contre tout principe noble et éthique, vous feriez mieux de garder ce livre.

Ceux qui comprennent l'amour vivent en harmonie et il est naturel que ces individus attirent ce qu'ils ont voulu atteindre.

Le plus grand pouvoir d'attraction dans tous les sens du terme, qu'il s'agisse d'une relation, d'une affaire ou d'une amitié, est l'amour.

En tant qu'entrepreneur en herbe, n'oubliez pas que le pouvoir d'attraction de l'amour est incroyable : vous devez pratiquer la compassion et regarder votre entreprise se développer et prospérer.

Pour réussir dans la vie, il est pertinent que, quoi qu'il arrive, vous ne forciez personne à réussir - évitez l'égoïsme, l'orgueil et n'imposez votre pouvoir à personne - c'est une erreur de le faire.

Il est crucial qu'en devenant riche, vous n'abusiez pas de votre "pouvoir" nouvellement acquis. Lorsque le pouvoir est utilisé correctement, sachez que vous avez atteint la gloire.

Sentiments finaux

Ce livre est écrit pour vous permettre de discerner les pouvoirs latents innés qui dorment en chacun de nous.

Les personnes en quête d'opportunités ne peuvent pas vraiment se permettre de "choisir", mais doivent apprendre à tirer profit de chaque petite opportunité qui leur est offerte.

En tant que chercheur, saisissez les opportunités qui ont le potentiel de devenir une passerelle indispensable vers le succès : il s'agit de prendre des risques calculés, contrôlés, mesurés et informés.

Les personnes fortunées ont créé leur propre carrière parce qu'elles croient vraiment au succès.

Ce sont des individus qui ne peuvent pas s'arrêter tant qu'ils n'ont pas réussi. Ils ne deviennent des combattants rebelles que pour atteindre leur objectif inébranlable - ce sont des guerriers disciplinés qui manient leurs armes de vérité, d'honnêteté, de sincérité, de compassion, de détermination, de puissance, de principe, de droiture, de sagesse, de foi, de confiance en soi, de créativité, de force et d'habileté pour atteindre les sommets par excellence.

La vie fonctionne strictement selon les lois incorrigibles de la nature. La raison en est d'établir l'efficacité, et dans le cadre de la loi, l'intellect rationnel de l'homme peut être développé pour une plus grande efficacité.

Ils sont déjà riches, cependant, faute de comprendre leurs puissantes qualités innées, ces attributs qui se trouvent en abondance n'ont pas trouvé le dynamisme nécessaire pour s'exprimer et se manifester.

Enfin, ne prenez pas la vie trop au sérieux. La vie est un voyage rendu possible pour nous tous, et si nous sommes prêts à nous donner la possibilité de grandir, alors la vie peut être une expérience merveilleuse. C'est très amusant, surtout lorsque vous suivez vos principes de gouvernance de manière religieuse.

Soyez heureux à tout moment, lorsque des difficultés surgissent, riez d'elles, et utilisez la force de volonté dynamique qui est en vous pour les combattre. Comme nous l'avons déjà mentionné, le corps et surtout l'esprit est un outil extraordinaire dont nous disposons.

L'état de tranquillité totale est possible et les preuves s'accumulent pour établir la grandeur atteinte par les gens ordinaires au cours de l'histoire - il est temps pour vous d'utiliser les pouvoirs de votre esprit pour réaliser vos désirs.

Visitez notre site web! Obtenez d'autres livres de MENTES LIBRES!

https://www.amazon.fr/MENTES-LIBRES/e/B08274DDV4?ref_=dbs_p_ebk_r00_abau_000000

Si vous le souhaitez, vous pouvez laisser votre commentaire sur ce livre en cliquant sur le lien suivant afin que nous puissions continuer à nous développer! Merci beaucoup pour votre achat!

https://www.amazon.fr/dp/B089BTXFJQ

www.ingramcontent.com/pod-product-compliance
Lightning Source LLC
Chambersburg PA
CBHW071415210526
45465CB00001B/396